AF381028

LA BATAILLE D'HASTINGS

La crise de succession de la dynastie anglo-saxonne

Par Carole Schreuder
Sous la direction de Barbara Auger

50MINUTES.fr

LA BATAILLE D'HASTINGS

INTRODUCTION

La bataille d'Hastings intervient dans le contexte de la mort du roi d'Angleterre, Édouard le Confesseur, en janvier 1066. Ne laissant derrière lui aucun enfant, son décès laisse le trône vacant et provoque une crise de succession. Rapidement, trois héritiers potentiels se présentent : Harold Godwinson, comte de Wessex – le beau-frère du défunt roi –, désigné successeur par le Witan (institution politique saxonne en Angleterre), Guillaume II duc de Normandie – son petit-cousin – et Harald III de Norvège (1015-1066).

Alors que ce dernier est rapidement éliminé de la course par Harold Godwinson durant la bataille de Stamford Bridge le 25 septembre, deux prétendants restent en lice. Après avoir levé une importante flotte, Guillaume de Normandie traverse la Manche et débarque le 28 septembre sur les côtes anglo-saxonnes. Lorsqu'il apprend l'invasion normande, Harold Godwinson se rend avec son armée dans le Sud et rencontre les hommes de Guillaume de Normandie le 14 octobre 1066 dans la plaine jouxtant Hastings.

Une bataille éclate durant laquelle les hommes se battent pendant près de neuf heures, fait inédit pour l'époque. À la tombée de la nuit, Harold Godwinson est finalement tué et Guillaume de Normandie remporte la victoire. Toutefois, il doit encore combattre quelques Normands et Anglo-Saxons qui refusent de se soumettre. Il est finalement couronné en l'abbaye de Westminster le 25 décembre 1066, fondant ainsi la dynastie des rois anglo-normands qui demeure au pouvoir pendant plus d'un siècle.

DONNÉES-CLÉS

- **Quand ?** Le 14 octobre 1066
- **Où ?** À Hastings (Angleterre)
- **Contexte ?** La crise de succession au trône d'Angleterre à la mort d'Édouard le Confesseur (vers 1003-1066), suivie de la conquête de l'Angleterre par les Normands
- **Belligérants ?** Les partisans de Guillaume le Conquérant contre ceux d'Harold Godwinson
- **Acteurs principaux ?**
  - Harold Godwinson, futur Harold II, roi des Anglo-Saxons (1020-1066)
  - Guillaume II dit « le Conquérant », duc de Normandie (vers 1028-1087)
- **Issue ?** Victoire de Guillaume II
- **Victimes ?** Aucune source ne fait état du bilan avec précision

CONTEXTE POLITIQUE, ÉCONOMIQUE ET SOCIAL

LA CRISE DE SUCCESSION D'ANGLETERRE : TROIS HOMMES POUR UN TRÔNE

Roi d'Angleterre depuis 1042, Édouard le Confesseur est marié à Édith de Wessex (1025-1075), mais ce mariage ne lui donne aucun enfant. Il aurait dès lors promis, vers 1050, le royaume à Guillaume de Normandie, son petit-cousin. Peut-être serait-ce en souvenir de sa jeunesse, puisqu'Édouard le Confesseur l'a en partie passée de l'autre côté de la Manche, ou par attachement à ses racines. Le roi dispose d'ailleurs de nombreux conseillers originaires de la région. Toutefois, il ne reste aujourd'hui aucune trace de cette promesse.

Dans un même temps, un autre personnage émerge de l'entourage royal : son beau-frère,

Harold Godwinson, l'homme le plus puissant d'Angleterre après le roi, qui dispose d'un vaste territoire équivalant à un tiers du royaume et du soutien de la noblesse. Il remporte plusieurs victoires éclatantes en 1062-1063 contre le roi de Gwynedd qui avait conquis le pays de Galles. Mais en 1064, Harold Godwinson échoue par accident sur les côtes françaises et est fait prisonnier par Guy Ier de Ponthieu (comte de Ponthieu, mort en 1100). Les hommes de Guillaume de Normandie ont alors été le chercher et l'ont emmené devant ce dernier qui décide de le libérer. En remerciement, Harold Godwinson lui aurait promis son soutien s'il devait un jour revendiquer le titre royal tant convoité. Par ailleurs, en 1057, le roi choisit Édouard l'Exilé (1016-1057), fils du roi Edmond II d'Angleterre (938-1016), pour lui succéder, mais celui-ci décède peu de temps après son retour en Angleterre.

La situation se complexifie lorsqu'au moment de mourir, Édouard le Confesseur désigne non plus Guillaume de Normandie, mais Harold Godwinson comme héritier. Un testament qui, s'il était avéré, surpasserait tous les accords et autres serments. La mort prématurée du roi le 5 janvier 1066 laisse donc le trône vacant et la porte ouverte aux rivalités : quel homme est le plus légitime pour lui succéder ? Les prétendants sérieux ne sont pas moins de trois et entendent bien faire valoir leurs droits et leurs prérogatives :

- Harold Godwinson est le fils héritier du comte Godwin de Wessex (mort en 1053) et le beau-frère d'Édouard le Confesseur. Il est élu roi, sous le nom d'Harold II, par le Witan le 5 janvier 1066 ;
- Guillaume de Normandie est le descendant de Rollon (né vers 930/932), chef viking qui reçoit la Normandie en 911, et le petit-fils de Richard II de Normandie (mort en 1026). Le défunt roi ayant trouvé refuge à la cour de Normandie lors de l'exil de son père, il se pose en prétendant de la couronne ;
- Harald III de Norvège n'a, de son côté, aucun lien familial avec le roi. Il pense toutefois être son successeur légitime à cause d'une alliance et d'un accord passés quelques années plus tôt. La première le lie avec Tostig Godwinson (1026-1066), le frère cadet d'Harold, et vise à empêcher ce dernier de monter sur le trône.

Le second est un accord passé jadis entre Magnus Ier de Norvège (vers 1024-1047), le neveu d'Harald, et Knut II le Hardi (roi d'Angleterre, vers 994-1035) qui s'étaient promis de se léguer leurs royaumes respectifs si l'un d'eux venait à mourir sans héritier direct.

Au-delà de la question de parenté, il convient de prendre en considération l'origine de chaque prétendant. En effet, l'Angleterre est le siège d'une lutte de pouvoir entre les Anglo-Saxons et les Scandinaves depuis le Xe siècle. Harold Godwinson provient justement d'une famille anglo-saxonne, tandis qu'Harald III de Norvège est issu des traditions vikings. Guillaume de Normandie, quant à lui, possède de par ses origines des liens avec les Scandinaves.

Toutefois, Harald III de Norvège est rapidement éliminé de la course lors de la bataille de Stamford Bridge qui a lieu le 25 septembre 1066. Quelques jours plus tôt, celui-ci, accompagné de Tostig, débarque dans les îles Shetland, puis longe les côtes écossaises avant de s'attaquer au comté de Northumbrie que Tostig désire récupérer. Lorsque les troupes d'Harold Godwinson attaquent, la surprise est totale et les deux hommes sont rapidement défaits.

LA PRÉPARATION DU DUEL

Guillaume de Normandie dispose d'un léger désavantage aux yeux de la noblesse anglaise lié à son statut d'étranger. Néanmoins, il semblerait qu'il puisse compter sur le soutien de l'Église grâce au pape Alexandre II (mort en 1073) – qui a tout intérêt à l'encourager puisque la Normandie est son alliée en Italie. Selon le chroniqueur normand Guillaume de Poitiers (1020-1090), celui-ci lui aurait fait parvenir la bannière de saint Pierre en témoignage de son appui. De son côté, Harold Godwinson peut jouir de ses succès militaires qui lui confèrent une grande popularité.

Mais les assistances morales, aussi belles soient-elles, ne sont pas l'élément essentiel pour conquérir un pays. Il faut désormais se préparer à combattre. Les Normands peuvent s'appuyer sur une flotte aussi efficace que celle dont disposaient les Scandinaves qui ont mené avec succès plusieurs expéditions en Angleterre ces dernières années. Le père de Guillaume lui-même, Robert Ier le Magnifique (duc de Normandie, vers 1010-1035), avait déjà tenté une invasion de l'île quelque temps plus tôt, qui s'était soldée par un échec. Mais les troupes se montrent quelque peu réfractaires à cette nouvelle campagne assez périlleuse, même si les perspectives de butin attirent de nombreux mercenaires.

Un important chantier s'établit dès lors dans l'estuaire de la Dives, plus ou moins à mi-chemin entre Caen et Rouen, afin de rassembler la flotte nécessaire à la traversée. Les préparatifs se terminent aux alentours du 12 août, mais les conditions météorologiques désastreuses retardent le départ. Finalement, les navires normands débarquent dans le Sussex le 28 septembre.

Au même moment et ne se doutant pas de ce qui vient du sud, Harold Godwinson se trouve au nord du pays pour y contrer l'invasion scandinave et défaire Harald III de Norvège. Un heureux hasard dont Guillaume de Normandie est bien décidé à tirer profit pour débarquer à Pevensey et reconnaître les lieux. Il fait construire une fortification en bois et en terre dans les environs d'Hastings, d'où il attend impatiemment les troupes d'Harold Godwinson.

De son côté, lorsqu'il apprend l'invasion normande dans le Sud, ce dernier ordonne à ses hommes de s'y rendre le plus rapidement possible afin de prendre par surprise Guillaume de Normandie. Mais c'est sans compter sur les éclaireurs du duc de Normandie qui l'avertissent de l'arrivée imminente de son adversaire. Le 14 octobre, ce dernier lance ses hommes à la rencontre de l'armée anglo-saxonne.

ACTEURS PRINCIPAUX

GUILLAUME II DIT « LE CONQUÉRANT », DUC DE NORMANDIE

Né vers 1028 d'un adultère entre Robert le Magnifique et sa maîtresse Arlette, Guillaume devient roi de Normandie à la mort de son père alors qu'il n'a que huit ans. Cet établissement à la tête du duché normand ne se fait pas sans heurts et les 15 premières années de gouvernance sont marquées par de profondes crises et de nombreux troubles. Profitant de son jeune âge, des vassaux, tentés de s'émanciper de l'autorité ducale, forment ainsi une opposition qu'il parviendra à mater après des années de troubles.

BON À SAVOIR

La Normandie de l'an mil est une principauté territoriale aux limites géographiques bien définies, qui s'étendent de Rouen à Coutances, de Bayeux et de Lisieux à Sées.

La Normandie a hérité au début du Xe siècle de son nom qui signifie « terre des Normands » – terme très souvent utilisé pour désigner les Vikings –, car la culture héritée des colonisateurs vikings est encore très présente dans le quotidien. En théorie, le duc de Normandie est un vassal du roi de France, mais, en pratique, les terres appartiennent au territoire viking (formé par les terres envahies ou en contact avec les Vikings, telles que l'Angleterre et la Scandinavie).

Ce n'est qu'après avoir assis solidement son pouvoir sur le duché et avoir assuré le maintien et l'équilibre qu'il se tourne vers l'Angleterre. Il souhaite y faire valoir ses droits lorsqu'Édouard le Confesseur décède. Commence alors une lutte sans pitié entre lui et son principal rival, Harold Godwinson. Il débarque le 28 septembre 1066 sur les côtes anglaises avec une armée de Normands, de Bretons et de Français et le 14 octobre a lieu la confrontation à Hastings. Fin stratège et leader, le fait que rien ne se déroule comme il l'avait prévu tout au long de cette journée montre les qualités d'adaptation que possède Guillaume de Normandie. Il est dès lors surnommé Guillaume le Conquérant et est couronné roi d'Angleterre le 25 décembre 1066, sous le nom de Guillaume Ier.

À partir de son couronnement, il réside principalement dans son nouveau pays pendant que sa femme Mathilde de Flandre (vers 1031-1083) tient les rênes de la Normandie. Le tout forme une nouvelle unité : l'État anglo-normand, qu'il dirige d'une main de fer pendant 20 ans malgré les complots et les crises familiales. Guillaume le Conquérant meurt à Rouen le 9 septembre 1087.

HAROLD GODWINSON, FUTUR HAROLD II, ROI DES ANGLO-SAXONS

Harold Godwinson est né aux alentours de 1020 et décède lors de la bataille d'Hastings le 14 octobre 1066, devenant le dernier roi anglo-saxon d'Angleterre.

Il est issu d'une famille très puissante et a pour père Godwin, le redouté comte de Wessex. Possédant un territoire recouvrant près d'un tiers de l'Angleterre, il est l'homme le plus puissant du pays après le roi. À la mort de Godwin, Harold Godwinson lui succède naturellement à la cour, où l'influence normande se fait de plus en plus sentir, ce qui ne plaît guère à sa famille qui se montre de plus en plus hostile face au roi.

En 1064, il fait naufrage sur les côtes du Ponthieu où il est retenu en otage. Il doit sa liberté à Guillaume de Normandie qui accepte de lui venir en aide. En échange, ce dernier obtient d'Harold Godwinson le serment que celui-ci lui apportera son soutien quand sonnera l'heure de réclamer la couronne d'Angleterre. Serment réel ou non, Harold Godwinson nie l'avoir prêté le moment venu et se fait couronner roi d'Angleterre en janvier 1066 alors qu'éclatent la crise de succession d'Angleterre et la bataille d'Hastings. Jouissant d'une réputation peu glorieuse depuis lors, il est finalement réhabilité par les historiens qui le décrivent comme un adversaire valeureux pour Guillaume de Normandie. Selon la légende et la tradition véhiculée par la tapisserie de Bayeux, il aurait été tué par une flèche lui transperçant l'œil. Il convient toutefois de rester vigilant parce que la tapisserie présente deux hommes qui pourraient représenter Harold Godwinson, l'un ayant été transpercé par une flèche, l'autre étant frappé par une épée.

ANALYSE DE LA BATAILLE

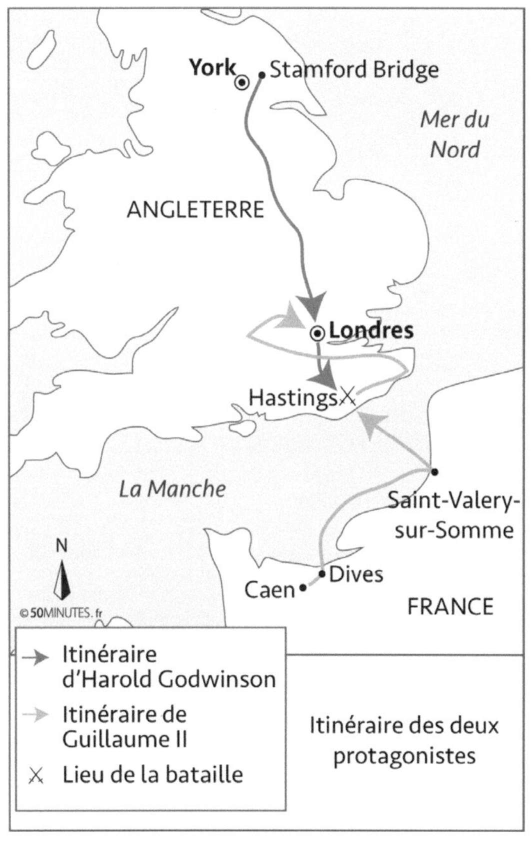

LES FORCES EN PRÉSENCE

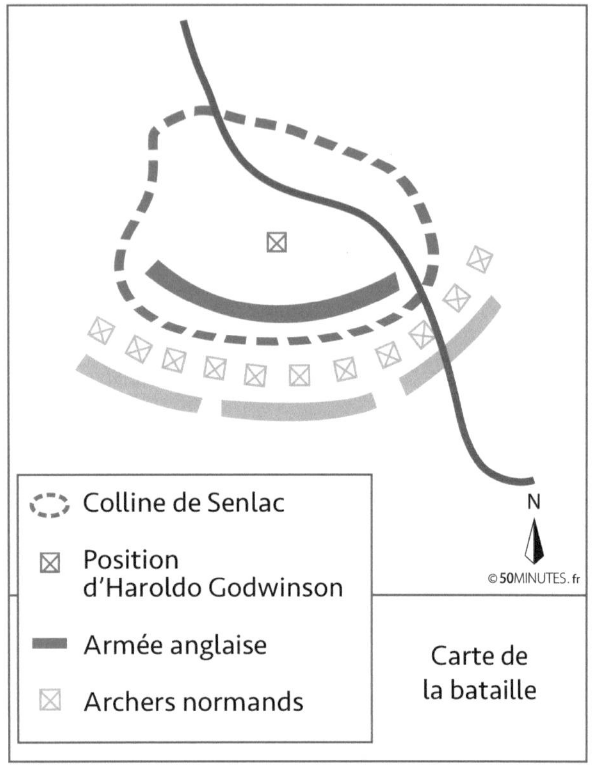

Bien qu'il soit souvent difficile d'évaluer le nombre d'hommes présents sur le champ de bataille pour la période du Moyen Âge, quelques historiens estiment qu'il y a eu entre 7 000

et 10 000 hommes dans chaque camp, ce qui est vraiment conséquent pour l'époque. Selon certains, on n'aurait plus vu d'affrontement de cette taille en Europe occidentale depuis la fin du Xe siècle.

De telles armées ne sont pas composées uniquement des vassaux du duc de Normandie et du roi d'Angleterre, prêts à se battre pour l'honneur de leur suzerain et de leur patrie. L'armée de Guillaume II compte des Normands, mais aussi des volontaires issus de Bretagne, de Flandre, de Champagne ou encore d'Italie méridionale. Ces volontaires sont le plus souvent motivés par l'appât du gain (solde et pillage des richesses ayant lieu après la bataille).

Les Normands se distinguent par :

- leurs cavaliers ;
- leurs archers ;
- leurs arbalétriers.

L'armée anglo-saxonne comprend elle :

- des archers, même si beaucoup ont été déjà été tués par les Norvégiens au cours de la bataille de Stamford Bridge ;

• des *housecarls*, la garde du corps royale composée d'hommes armés d'une longue hache.

forme d'amande et une cotte de mailles pour les plus riches.

LES POSITIONS GÉOGRAPHIQUES

Alors que Guillaume de Normandie attend son adversaire non loin d'Hastings depuis quelques jours, Harold Godwinson approche peu à peu. En moins d'une semaine, il parcourt avec ses hommes les quelque 300 kilomètres qui les séparent du champ de bataille et le 13 octobre, Harold Godwinson s'arrête sur la colline de Caldbec située non loin d'Hastings.

Si Guillaume de Normandie est prêt et attend son adversaire, ce dernier approche tout de même plus rapidement qu'il ne l'avait prévu et, au matin du 14 octobre 1066, des éclaireurs lui annoncent l'arrivée imminente d'Harold Godwinson. Guillaume de Normandie et son armée quittent alors leur camp fortifié et marchent vers le champ de bataille.

Là, Guillaume de Normandie réalise qu'il n'oc-cupe pas une position idéale : alors qu'il espérait rejoindre la colline de Senlac – qui contrôle la route entre Londres et Douvres – pour être en position surélevée, il devra se contenter de rester en contrebas. Il ne peut d'ailleurs faire demi-tour, car les navires d'Harold Godwinson patrouillent désormais le long de la côte. Il n'a par conséquent d'autre choix que de lancer l'assaut sur le mur d'hommes qui se trouve face à lui : il doit affronter et vaincre, ou se retrouver coincé, perdre et périr. Les Anglais, pour leur part, ont derrière eux une pente escarpée qui rend particulièrement complexe une retraite rapide.

LE PREMIER CHOC

La bataille débute à 9 heures, le samedi 14 octobre 1066, non loin de l'actuelle ville de Battle (à 10 kilomètres au nord d'Hastings). Rapidement, les flèches normandes sifflent dans l'air et s'abattent sur les boucliers anglais. Mais les combattants sont trop loin les uns des autres pour rendre l'attaque efficace et la portée des arcs est trop limitée. Guillaume de Normandie ordonne alors à l'infanterie de se mettre en mouvement, suivie de près par la cavalerie.

Ces premiers assauts durent plusieurs heures, sans effets décisifs. Il semblerait en effet que la cavalerie ne joue pas le rôle primordial qui lui a été attribué pendant des années dans la légende d'Hastings. Sa position à l'arrière l'empêche d'être véritablement efficace et de porter un coup fatal aux troupes adverses. De plus, la pente de la colline et la boue qui s'est rapidement formée dans les zones marécageuses ralentissent les charges successives qui viennent se briser comme des vagues sur la défense anglaise.

UN COMBAT QUI N'EN FINIT PAS

Il est déjà plus de midi et les attaques, les contre-attaques et les retraites s'enchaînent, presque inlassablement. Aucun des deux camps ne prend vraiment l'avantage sur l'autre. Les forces semblent égales et les talents des deux chefs équivalents. Toutefois, l'absence d'un nombre important d'archers du côté anglais les dessert.

Au cours de l'après-midi, les différents contingents de l'armée normande adoptent une tactique qui se montre efficace : ils feignent à plusieurs reprises une retraite et, profitant que les Anglais se lancent de manière désordonnée à leur poursuite, se retournent pour mieux les attaquer. Cette tactique de fuite simulée demande une bonne organisation ainsi qu'une bonne synchronisation et vise à détruire le mur de boucliers anglo-saxons que les archers ne parviennent à forcer. Pour être plus efficace, Guillaume de Normandie ordonne également à ses archers de tirer vers le haut, pour ne pas entamer ses propres lignes.

La stratégie se révèle payante et peu à peu, les Anglais commencent à plier, ce qui permet à un petit groupe de Normands d'approcher Harold Godwinson et de le tuer. Les combats continuent encore quelques minutes avant de se transformer en débandade des Anglais et en poursuite des Normands.

Après la bataille, Guillaume de Normandie poursuit sa marche vers Londres, remportant quelques nouveaux affrontements. Mais, arrivé aux portes de la ville, il subit une défaite et est contraint d'emprunter des chemins détournés afin de franchir la Tamise. En cours de route, il soumet quelques hauts dignitaires, dont l'archevêque Stigand (mort en 1072). Il doit cependant attendre la soumission de la noblesse de l'Hertfordshire pour être désigné roi.

Il est assez difficile d'estimer avec précision le nombre de morts survenu au cours de la bataille. Certains historiens avancent un taux de mortalité de un sur sept. Notons que, pendant longtemps, ceux-ci pensaient que les Anglais morts au combat avaient été laissés sur le champ de bataille, tandis que les Normands avaient été inhumés dans une fosse commune. Mais les fouilles archéologiques n'ont rien révélé de tel, ce qui rend les estimations particulièrement ardues.

Pour résumer cette journée sanglante, l'historien anglais Stephen Morillo présente le déroulement de la bataille comme suit :

- à 8 h 30, les troupes se déploient au pied de la colline ;
- à 9 heures, les premières attaques de l'infanterie normande sont lancées. Suivies une demi-heure plus tard par celles de la cavalerie ;
- à 10 heures, les troupes normandes se regroupent ;

- à 10 h 30, la contre-attaque est lancée, suivie d'un nouveau regroupement ;
- entre midi et 18 heures, les Normands lancent leur tactique de fuite simulée ;
- à 19 heures, l'assaut final des archers normands est lancé. Quelques minutes plus tard, Harold Godwinson est tué ;
- à 20 heures, les Anglo-Saxons sont poursuivis et une heure plus tard Guillaume de Normandie est reconnu vainqueur.

RÉPERCUSSIONS DE LA BATAILLE

Après sa victoire, le couronnement de Guillaume de Normandie marque la fondation du royaume anglo-normand, succédant au royaume anglo-saxon. La conquête normande de l'Angleterre ne s'est toutefois pas faite en un jour et ne s'est pas limitée à la seule bataille d'Hastings. Celle-ci en est cependant le symbole et il ne faudra attendre que quelques années pour que Guillaume de Normandie assoie complètement son autorité, clôturant une conquête lourde de conséquences.

LA SITUATION SUR LA SCÈNE EUROPÉENNE

Rassemblées sous l'égide d'un même souverain, la Normandie et l'Angleterre constituent un territoire non négligeable qui bouleverse les équilibres européens. Les vieilles coutumes scandinaves du royaume sont peu à peu supplantées par des influences venues d'Europe continentale.

Les relations difficiles qui existent entre l'Angleterre et la France trouvent leur origine dans cette mutation des équilibres. En effet, il faut se rappeler que Guillaume de Normandie est vassal du roi de France en tant que duc de Normandie, mais en tant que roi d'Angleterre, il est aussi son égal, ce qui engendrera des tensions et des conflits, et ce jusqu'à la génération des Plantagenêts (dynastie qui suit la dynastie anglo-normande) aux XIIe, XIIIe et XIVe siècles.

UNE SOCIÉTÉ FÉODALE

La structure même du royaume d'Angleterre est bouleversée sur le plan social. Les couches de la société changent profondément. Les anciens nobles et les personnes qui comptaient dans la société de l'époque sont condamnés, tués, déchus ou progressivement remplacés, tandis qu'une nouvelle élite émigre du continent et que les seigneurs normands prennent le contrôle du territoire. Les Anglais, habitués à un régime plus libre et démocratique, éprouvent des difficultés à s'adapter à l'organisation très féodale des Normands caractérisée par une centralisation du pouvoir, un contrôle fort des seigneurs sur leurs vassaux, etc. De plus, l'origine commune de ces nouveaux seigneurs est un facteur de rapprochement entre les entités plutôt que de fragmentation, comme cela a pu être le cas dans d'autres territoires divisés en fiefs (terres organisées de manière féodale, chacun sous l'autorité d'un seigneur soumis à un autre et ainsi de suite, constituant ce que l'on appelle la pyramide féodale).

ADMINISTRATION, LANGUE ET CULTURE

Le système de gouvernement médiéval en Angleterre, déjà fortement développé par les Anglo-Saxons, trouve un nouveau souffle sous les Anglo-Normands. Le pays était déjà divisé en shires administrés par des shérifs. Avec Guillaume de Normandie, cette administration est encore plus coordonnée et centralisée. Ce type d'organisation atteint son apogée à travers le célèbre Domesday Book, un recensement à échelle nationale, une première depuis l'Empire romain.

Les Normands apportent également leur langue et leur culture. L'anglo-normand devient la langue officielle d'où l'anglais moderne tire ses racines. Certains mots scandinaves ou germaniques tendent alors à disparaître au profit d'un vocabulaire d'origine latine. De ces mélanges et de diverses évolutions découleront une nouvelle langue, celle que nous connaissons aujourd'hui.

ARCHITECTURE

Les châteaux et les églises se multiplient pendant cette nouvelle ère anglo-normande, enrichissant le pays d'un nouveau patrimoine. Ainsi, la construction de la tour de Londres débute au lendemain de la bataille. Au niveau de l'architecture ecclésiastique, les chevrons saxons côtoient désormais des motifs géométriques, des décors végétaux et des animaux fantastiques à la mode normande. Avec la conquête arrive également le style gothique normand, véritable dérivé régional du style architectural roman tel qu'apparu en Bourgogne sous l'égide de l'abbaye de Cluny.

LA TAPISSERIE DE BAYEUX

Les origines de la fondation du royaume anglo-normand à travers la conquête du duc de Normandie nous sont encore racontées grâce à la tapisserie de Bayeux. Exposée au musée de la Tapisserie en plein centre de Bayeux, cette broderie longue de 72 mètres et large de 50 centimètres offre aux curieux d'aujourd'hui une source à travers laquelle ils peuvent découvrir visuellement ce qu'aurait été la bataille.

Selon certains, elle aurait été fabriquée en Angleterre à la demande d'Odon de Bayeux (noble normand, 1030/1035-1097), le demi-frère de Guillaume de Normandie. Notons cependant que son point de vue est favorable au vainqueur, sans être tout à fait partial.

La première partie de la tapisserie dépeint la visite d'Harold Godwinson à Guillaume de Normandie et sa promesse de l'aider à hériter de la couronne anglaise le moment venu. La deuxième montre le couronnement d'Harold Godwinson, la préparation de la flotte normande, sa traversée de la Manche, la bataille d'Hastings pour aboutir enfin au couronnement de Guillaume de Normandie, véhiculant ainsi l'idée de la légitimité de ce dernier face à un Harold parjure. De nombreuses scènes de transition ponctuent les séquences capitales, ce qui en fait un remarquable document nous informant sur la vie quotidienne au XIᵉ siècle ainsi que sur les techniques et outils utilisés lors de la construction des navires. L'histoire est ainsi révélée au grand public comme aux avertis, et grâce à sa conservation à travers les siècles, ces événements nous sont aujourd'hui connus.

EN RÉSUMÉ

1066

5 janv. : Mort d'Édouard le Confesseur

25 sept. : Bataille de Stamford Bridge

28 sept. : Débarquement de Guillaume de Normandie en Angleterre

14 oct. : **Bataille d'Hastings**

25 déc. : Couronnement de Guillaume de Normandie

1087

9 sept. : Mort de Guillaume de Normandie

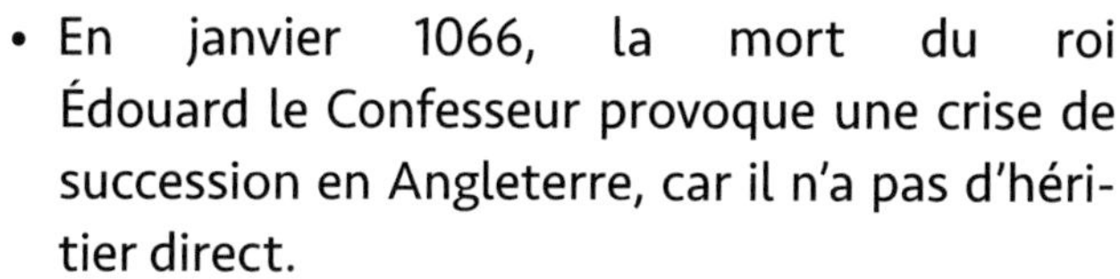

- En janvier 1066, la mort du roi Édouard le Confesseur provoque une crise de succession en Angleterre, car il n'a pas d'héritier direct.

- Trois hommes se disputent le trône : Guillaume, duc de Normandie, le neveu du roi ; Harold Godwinson, le beau-frère du roi et Harald III de Norvège.

- Harald III est défait par Harold Godwinson à Stamford Bridge en septembre 1066, marquant la fin de l'ère viking en Angleterre.
- Au même moment, Guillaume de Normandie envahit l'Angleterre par le Sud.
- Guillaume de Normandie et Harold Godwinson se retrouvent face à face à Hastings le 14 octobre 1066.
- Chaque camp compterait entre 7 000 et 10 000 hommes : les cavaliers, archers et arbalétriers normands affrontent les archers et autres Anglo-Saxons armés de haches.
- Jusqu'à la fin de la bataille, l'issue demeure incertaine : attaques et contre-attaques se succèdent toute la journée et il faudra attendre la tombée du jour pour que les Normands tuent Harold Godwinson et puissent crier victoire.
- Guillaume de Normandie devient roi d'Angleterre la même année et fonde ainsi la dynastie anglo-normande, mettant fin à la dynastie anglo-saxonne.
- Les équilibres européens s'en trouvent modifiés, de même que la structure du royaume d'Angleterre et son administration, son architecture, sa langue et sa culture.

Votre avis nous intéresse !
Laissez un commentaire sur le site de votre
librairie en ligne et partagez vos coups de cœur sur
les réseaux sociaux

POUR ALLER PLUS LOIN

SOURCES BIBLIOGRAPHIQUES

- BOÜARD (Michel de), *Guillaume le Conquérant*, Paris, Fayard, 1984.

- BOUET (Pierre), *Hastings*, Paris, Tallandier, 2010.

- BOUET (Pierre), LEVY (Brian) et NEVEUX (François), *La tapisserie de Bayeux. L'art de broder l'histoire*, Caen, Presses universitaires de Caen – Office universitaire d'études normandes, 2004.

- CONTAMINE (Philippe), *La guerre au Moyen-Âge*, Paris, PUF, 2003.

- COTTRET (Bernard), *Histoire de l'Angleterre. De Guillaume le Conquérant à nos jours*, Paris, Tallandier, 2007.

- COZ (Yann), « Hastings, 1066 : la plus longue bataille », in *L'Histoire*, n°370, décembre 2011, p. 82-87.

- DOUGLAS (David), « Les réussites normandes 1050-1100 », in *Revue historique*, t. 237, fascicule 1, 1967, p. 1-16.

- FAVIER (Jean), « Bayeux (la tapisserie de) », in *Dictionnaire de la France médiévale*, Paris, Fayard, 1993, p. 122-123.

- FAVIER (Jean), « Guillaume Ier le Bâtard ou le Conquérant », in *Dictionnaire de la France médiévale*, Paris, Fayard, 1993, p. 477.

- GAUVARD (Claude), « Enquête », in *Dictionnaire du Moyen-Âge*, Paris, PUF, 2004, p. 479-481.

- MATTHEW (D. J. A.), *The Norman Conquest*, Londres, Batsford, 1966.

- MORGAN (Kenneth), *Histoire de la Grande-Bretagne*, Paris, Armand Colin, 1985.

- MORILLO (Stephen), *The Battle of Hastings. Sources and Interpretations*, Woodbridge, The Boydell Press, 1996.

- MUSSET (Lucien), *La tapisserie de Bayeux. Œuvre d'art et document historique*, Paris, Zodiaque, 2002.

- NEVEUX (François), « Guillaume le Conquérant », in *Dictionnaire du Moyen-Âge*, Paris, PUF, 2004, p. 645.

- PARISSE (Michel), « Bayeux, tapisserie de », in *Dictionnaire du Moyen-Âge*, Paris, PUF, 2004, p. 139.

- POITIERS (Guillaume de), *Histoire de Guillaume le Conquérant*, Paris, Les Belles Lettres, 1952.

- SCHAMA (Simon), *A History of Britain. At the Edge of the World ? 3000 BC-AD 1603*, Londres, Bodley Head, 2000.

- STENTON (F.M.), *Anglo-saxon England*, Oxford, Clarendon, 1971.

MUSÉE ET COMMÉMORATION

- Le musée de la tapisserie de Bayeux, à Bayeux (France).

- Les Feux de joie d'Hastings, aux alentours du 14 octobre chaque année à Hastings (Angleterre).

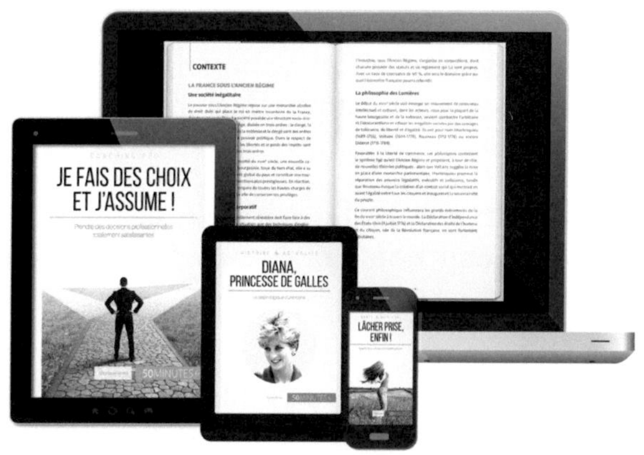

L'éditeur veille à la fiabilité des informations publiées, lesquelles ne pourraient toutefois engager sa responsabilité.

www.50minutes.fr

ISBN ebook : 9782806254153
ISBN papier : 9782806255969
Dépôt légal : D/2014/12603/20
Photo de couverture : HORACE VERNET (1828), *Edith Swanneck découvrant le corps du roi Harold sur le champ de bataille d'Hastings*. Domaine public.

Conception numérique : Primento,
le partenaire numérique des éditeurs